ORDONNANCE
DU ROI,

Portant règlement sur les Revues que les Commissaires des guerres feront aux Maréchaussées, à commencer du 1.er Janvier 1770.

Du 30 Décembre 1769.

DE PAR LE ROI.

SA MAJESTÉ ayant par son Ordonnance du 27 décembre 1769, ordonné que les revues de subsistance des compagnies de Maréchaussée, seroient faites à commencer du 1.er Janvier 1770, par les Commissaires des guerres : Et voulant expliquer ses intentions sur la forme desdites revues, Elle a ordonné & ordonne ce qui suit :

ARTICLE PREMIER.

LES Commissaires des guerres, à commencer du premier Janvier prochain, feront les revues des Maréchaussées tous les quatre mois, c'est-à-dire du 1.er au 15 Mai pour les quatre premiers mois de chaque année ; du 1.er au 15 Septembre,

pour les mois de Mai, Juin, Juillet & Août; & du 1.er au
15 Janvier, pour les quatre derniers mois de l'année.

2.

LES Commissaires des guerres, avant de faire leurs revues,
informeront le Prevôt général de la généralité dans laquelle
ils feront employés, du jour auquel ils fe transporteront dans
les endroits défignés à cet effet dans chaque département,
pour faire la revue des brigades qui feront fous leur police:
Lefdites brigades ne pourront être affemblées que par les
ordres du Prevôt général, qui ne pourra changer le jour
indiqué pour chaque revue; & aura foin d'en informer le
Commandant de la province.

3.

SA MAJESTÉ donnera fes ordres pour qu'il foit fait chaque
année des contrôles pour toutes les compagnies de Maréchauffée.

4.

CES contrôles contiendront les noms des Exempts, Brigadiers, Sous-brigadiers & Cavaliers de chaque compagnie,
& le fignalement exact des chevaux des Officiers, bas Officiers
& Cavaliers defdites compagnies; ces contrôles feront formés
pour chaque Lieutenance, & divifés par chacune des brigades
qui les compofent, fous la dénomination des lieux de leurs
réfidences: il y aura douze cafes en blanc, chacune defquelles
contiendra le nom des mois pour lefquels la revue devra être
faite; le Commiffaire des guerres y marquera fi chaque homme
aura été préfent ou abfent à fa revue, avec les raifons, le jour
& la durée de fon abfence, & s'il fera mort ou congédié; il
y obfervera de plus fi les hommes font montés ou à pied,
pourquoi ces derniers n'ont plus de chevaux, & depuis quel
jour, le tout conformément au modèle joint à la préfente
ordonnance.

5.

CES contrôles feront faits de manière qu'ils feront fuffifans
pour enregiftrer le nombre d'hommes & les chevaux de rem-
placement qu'il pourra y avoir dans chaque brigade pendant
le courant de l'année; & à cet effet lorfqu'il y aura des hommes

3

nouvellement admis dans les brigades de chaque Lieutenance, ou qui passeront d'une brigade à une autre dans l'intervalle d'une revue, le Prevôt sera tenu d'en envoyer l'état au Commissaire des guerres, certifié de lui; il lui enverra de même les signalemens des nouveaux chevaux, avec la date de leur réception: & lorsqu'un emploi sera vacant par mort, démission ou autrement, le Prevôt général en instruira le Commissaire des guerres, ainsi que de l'époque de la vacance dudit emploi; il l'informera également des chevaux qui viendront à manquer, afin qu'il fasse mention de tous ces changemens sur le contrôle, dans la case des mois où ils auront eu lieu.

6.

À la fin de chaque année, il sera adressé de nouveaux contrôles aux Commissaires des guerres, qui renverront les anciens au Secrétaire d'État ayant le département de la guerre, après avoir préalablement transcrit sur les nouveaux, les noms & grades des hommes existans au 1.er Janvier de la nouvelle année, par relevé sur les anciens.

7.

LES revues se feront par appel sur le contrôle de chaque Lieutenance, dressé comme il est prescrit par l'article 4.

8.

LE Commissaire des guerres ayant marqué les présens & les absens sur les contrôles des brigades, dans la case des mois pour lesquels il fera sa revue, dressera ensuite par relevé sur lesdits contrôles, son extrait de revue, pour servir au payement de chaque Lieutenance, avec les précautions prescrites ci-après.

9.

POUR s'assurer que les revues auront été faites sur ces contrôles, Sa Majesté donnera ses ordres pour les faire confronter avec les extraits de revues, & se faire rendre compte de leur exactitude.

10.

LORSQU'UNE Lieutenance devra passer en revue, les

brigades qui la composent, seront mises en haie, les Commandans à leur tête : Dans cette position, le Commissaire fera l'appel, sur le contrôle de la Lieutenance, des hommes qui y seront inscrits, vérifiera les changemens faits dans chaque brigade depuis sa dernière revue, marquera dans la case des mois les présens & les absens ; ledit Commissaire comptera pareillement le nombre des chevaux de chaque brigade, vérifiera sur le contrôle si ce sont effectivement les mêmes, & en conséquence arrêtera sa revue.

11.

L'INTENTION de Sa Majesté étant que tous les Officiers, bas Officiers & Cavaliers qui composent chaque Lieutenance, soient présens aux revues ; Elle veut & entend qu'ils ne puissent s'en dispenser, & en être dispensés que dans les cas ci-après expliqués.

12.

LES Commissaires des guerres, comprendront dans leurs extraits de revues, les hommes qui, se trouvant au moment desdites revues, chargés de l'exécution des ordres du Roi, ou de quelqu'autre service important, relativement à leurs fonctions, ne pourront se trouver au lieu d'assemblée ; le Lieutenant sera tenu dans ce cas-là, de remettre un certificat au Commissaire des guerres ; lequel certificat sera adressé par ledit Commissaire au Secrétaire d'État ayant le département de la guerre.

13.

À l'égard des Officiers, bas Officiers & Cavaliers qui se trouveront, à l'époque des revues des Commissaires des guerres, retenus dans les lieux de leurs résidences, pour raison de maladies ou indispositions qui ne leur permettroient pas de se rendre au lieu d'assemblée indiqué pour ladite revue, le Lieutenant sera tenu de remettre au Commissaire des guerres, des certificats signés d'un Chirurgien domicilié dans le lieu de la résidence de l'Officier, bas Officier ou Cavalier malade ; ces certificats seront également signés par les Subdélégués, & à leur défaut par les Maire & Échevins

5

ou Syndics desdits lieux, & feront adreffés par le Commiffaire des guerres au Secrétaire d'État ayant le département de la guerre.

14.

IL fera remis également au Commiffaire des guerres, dans la forme prefcrite à l'article précédent, des certificats pour les chevaux malades ou éclopés qui n'auroient pu être conduits à fa revue, lefquels certificats feront fignés par un maréchal domicilié dans le lieu de la réfidence de l'Officier, bas Officier ou Cavalier, à l'ufage duquel fera ledit cheval, vifés par les Subdélégués, Maires, Échevins ou Syndics des lieux, & adreffés par le Commiffaire des guerres, au Secrétaire d'État ayant le département de la guerre.

15.

A l'égard des chevaux qui mourront dans l'intervalle des revues, le Lieutenant fera tenu de rapporter au Commiffaire des guerres, des procès-verbaux de deux maréchaux domiciliés dans le lieu, qui conftateront exactement le jour où lefdits chevaux feront morts; lefdits procès-verbaux feront pareillement vifés par les Subdélégués des lieux, Maires, Échevins ou Syndics, fignés du Commandant de la brigade, & certifiés par les Lieutenans. Ils feront également adreffés par le Commiffaire des guerres, au Secrétaire d'État ayant le département de la guerre.

16.

DÉFEND très-expreffément Sa Majefté aux Commiffaires des guerres, de faire mention dans leurs revues, des Prevôts généraux & Lieutenans nouvellement pourvus, auxquels Elle auroit fait expédier des provifions par le Secrétaire d'État ayant le département de la guerre, pour des charges dans lefquelles ils n'auroient pas été reçus conformément à l'article 4 de l'Ordonnance concernant les Maréchauffées, du 27 décembre 1769; & à cet effet ils continueront de marquer l'emploi vacant jufqu'à ce que l'Officier qui doit le remplir ait joint fa réfidence. Ils feront mention à la première revue, à laquelle ledit Officier fera préfent, de la date de ses provisions, ainsi que du jour de sa réception, & de celui auquel il aura joint sa résidence, pour n'être payé de ses gages & appointemens, qu'à commencer de ce dernier jour.

17.

A l'égard des Exempts, Brigadiers, Sous-brigadiers & Cavaliers nouvellement pourvus des commissions, qui leur seront pareillement expédiées par le Secrétaire d'État ayant le département de la guerre, ils ne pourront être admis dans les revues des Commissaires des guerres, qu'après avoir justifié de leur réception par un certificat du Greffier du siége de la Maréchaussée où leur commission aura été enregistrée; & du jour de leur arrivée à leurs fonctions, par un certificat des Subdélégué, Maire & Échevins ou Syndic du lieu où leur brigade sera en résidence, à compter duquel jour ils seront employés présens sur lesdites revues; lesquels certificats ils seront tenus de remettre aux Commissaires des guerres à la première revue qu'ils passeront.

18.

ENJOINT Sa Majesté aux Commissaires des guerres, de faire mention dans leurs revues, des congés qu'Elle jugera à propos de donner aux Prevôts généraux, Lieutenans, Commandans de brigades & Cavaliers, pour sortir de la généralité où ils seront en résidence, de l'époque à laquelle ils en seront sortis; & lorsque lesdits Officiers, Commandans de brigade & Cavaliers auront joint leur résidence, ils seront tenus, à la première revue qu'ils passeront, de présenter lesdits congés aux Commissaires des guerres, lesquels les rappelleront dans leurs revues pour être payés de leurs gages & appointemens pendant tout le temps de leur absence, si lesdits congés sont accordés avec appointemens.

19.

A l'égard des Officiers, Commandans de brigade & Cavaliers, qui ne joindront pas à l'expiration de leur congé, les Commissaires des guerres les rappelleront également dans leurs revues, pour être payés de leurs appointemens, pendant

7

leur abfence, jufqu'au jour de leur retour : mais l'intention de Sa Majefté eft que lefdits appointemens foient affectés aux Maffes de l'habillement & de remonte ; à moins que Sa Majefté ne juge à propos de difpenfer lefdits Officiers, Commandans de brigade ou Cavaliers, de la rigueur de cet article, lorfqu'Elle aura reconnu la validité des raifons qui les auront empêché de rejoindre à l'expiration defdits congés.

20.

Sa Majefté ayant décidé par fon ordonnance du 27 décembre 1769, concernant les Maréchauffées, qu'il feroit fait tous les ans une revue d'infpection de chacune des compagnies de Maréchauffée, département par département, par les Infpecteurs qui ont été défignés à cet effet ; fon intention eft que les Commiffaires des guerres, foient exactement informés par les Prevôts généraux, des changemens que lefdites revues d'infpection pourront occafionner dans le contrôle, afin qu'ils puiffent en faire mention dans les extraits de revues.

21.

Les Commiffaires des guerres enverront dans les quinze derniers jours du mois où ils auront fait des revues, des extraits defdites revues au Secrétaire d'État ayant le département de la guerre, & ils y joindront, 1.° un état des changemens furvenus pendant l'intervalle d'une revue à une autre, dans chacune des Lieutenances dont ils auront la police, avec les fignalemens exacts des hommes & des chevaux nouvellement admis dans ladite Lieutenance ; 2.° les différens certificats & procès-verbaux qui doivent leur être remis fuivant l'exigence des cas prévus dans les articles 12, 13, 14 & 15 de la préfente Ordonnance ; 3.° & un état contenant la quantité & les prix des fourrages qui auront été achetés par chaque brigade, la confommation qui en aura été faite, & ce qui en reftera en magafin au jour de chaque revue.

22.

Les Commiffaires des guerres enverront dans le même temps de pareilles expéditions de leurs revues, fans qu'elles foient néanmoins accompagnées d'aucun état, à l'Intendant de la province, au Prevôt général, & au Tréforier commis dans ladite province, par le Tréforier général de la Maréchauffée en exercice, auquel ils adrefferont en même temps les extraits mortuaires qu'ils fe feront délivrer en bonne forme, des Officiers & Cavaliers qui feront morts.

23.

ORDONNE Sa Majefté, que les Cavaliers de Maréchauffée malades, feront reçus aux hôpitaux des lieux de leur réfidence, & s'il n'y en a point, à l'hôpital le plus prochain, pour y être traités fuivant les ufages pratiqués pour les autres troupes de Sa Majefté; & fera fait en conféquence, à chaque Cavalier qui aura été foigné efdits hôpitaux, une retenue de fept fous par jour fur la folde, d'après les états qui en auront été arrêtés par les Commiffaires des guerres.

MANDE & ordonne Sa Majefté aux fieurs Maréchaux de France, & fes Gouverneurs, Lieutenans généraux ou Commandans dans les provinces du royaume, aux Infpecteurs généraux des Maréchauffées, aux Intendans & Commiffaires départis dans lefdites provinces, aux Commiffaires des guerres & à tous fes Officiers qu'il appartiendra, de tenir, chacun en ce qui le concerne, la main à l'exacte obfervation & exécution de la préfente Ordonnance, laquelle fera lûe à la tête des compagnies de Maréchauffée par les Commiffaires des guerres, à leur première revue, afin qu'aucun n'en prétende caufe d'ignorance. FAIT à Verfailles le trente décembre mil fept cent foixante-neuf. *Signé* LOUIS. *Et plus bas.* LE DUC DE CHOISEUL.

A PARIS, DE L'IMPRIMERIE ROYALE. 1770.